*«Somos del mismo material del que se tejen los sueños,
nuestra pequeña vida está rodeada de sueños.»*

William Shakespeare (1564–1616), dramaturgo inglés

“El significado de la vida”

Según los grandes y los buenos

Richard Kinnier, Jerry Kernes, Nancy Tribbensee
y Tina Van Puymbroeck

BLUME

BLUME

Título original:
The Meaning of Life

Traducción:
Lorena Pozo Rodríguez

Coordinación de la edición en lengua española:
Cristina Rodríguez Fischer

Primera edición en lengua española 2007

Av. Mare de Déu de Lorda, 20
08034 Barcelona
Tel. 93 205 40 00 Fax 93 205 14 41
E-mail: info@blume.net

I.S.B.N.: 978-84-9801-191-3

Impreso en Singapur

Contenido

Introducción
6

1. La vida es para disfrutarla
10

2. Estamos aquí para servir a Dios
42

3. Estamos aquí para realizarnos y ser cada día más sabios
58

4. El significado de la vida es un misterio
74

5. La vida no tiene sentido
98

6. Estamos aquí para ayudar a los demás
124

7. La vida es una lucha constante
150

8. Estamos aquí para contribuir a la sociedad
172

9. Debemos crear un significado por nosotros mismos
190

10. La vida es absurda
210

Agradecimientos
223

Introducción

¿Cuál es el significado de la vida? Esta pregunta viene formulándose desde tiempos inmemorables y parece dispuesta a persistir en el futuro. Se trata de una cuestión que nos planteamos generalmente en nuestra etapa adolescente y que suele volver a aflorar en los momentos más reflexivos de nuestras vidas, así como tras acontecimientos trágicos o crisis personales. La muerte también es un aspecto que nos hace plantearnos esta pregunta, especialmente cuando se trata de la muerte de un ser querido o cuando vislumbramos la nuestra. El creer o no en Dios constituye un elemento primordial de la cuestión. Puesto que la vida es breve, la pregunta no deja de ser de algún modo urgente. Nuestra respuesta determinará tanto los principios que adoptemos en la vida así como los objetivos y las metas personales que nos marquemos. Influirá en aquello, si es que existe, por lo que estamos dispuestos a luchar e incluso a morir por alcanzar.

¿Cuál es el significado de la vida? Es muy posible que este libro no contenga la RESPUESTA, pero proporciona varios centenares de respuestas a la pregunta en cuestión. El objetivo principal del libro consiste en proporcionarle a usted, el lector, algunas perspectivas inteligentes, estimulantes o, como mínimo, interesantes del porqué de nuestra existencia. Probablemente, esas palabras sabias le serán muy útiles en su propia búsqueda de significado.

Tanto las citas como los títulos de los capítulos del libro surgieron a partir de un estudio que realizamos. El artículo original que describe el estudio se titula «What Eminent People Have Said About The Meaning of Life» publicado en el *Journal of Humanistic Psychology* (volumen 43, número 1, invierno del año 2003). En dicho estudio, realizamos una amplia búsqueda de citas relacionadas con el significado de la vida y consultamos un gran número de libros y de artículos (*véase* Agradecimientos, pág. 223). Decidimos incluir únicamente citas de personajes «eminentes», así como de aquellos que obtienen u obtuvieron el respeto de sus coetáneos o de la sociedad en general (se excluyeron los personajes famosos excéntricos y de fama pasajera). Hemos de admitir que, a pesar de haber utilizado unos métodos diseñados para no incorporar a ese tipo de personajes (consultas con expertos de cada ambito y nuestro propio consenso), la selección final no deja de ser inevitablemente subjetiva. Los lectores pueden determinar quiénes son, a su juicio, los personajes más respetados y, en consecuencia, realizar una lectura selectiva de las citas. La elección de las citas de personajes eminentes no se debe a que probablemente sean quienes posean «las respuestas», sino a que se trata de personas muy respetadas cuyas ideas gozan de un mérito especial. Consideramos que la mayoría de los lectores se interesarían más por las afirmaciones que hiciera Martin Luther King Jr. que por las que realizara Yola Berrocal o Paco Porras.

En el estudio, empleamos una metodología que se conoce por el nombre de análisis del contenido para identificar el tema principal de las citas. Dichos temas componen el título de los capítulos del libro. El lector apreciará que algunos personajes aparecen en distintos capítulos: a menudo, las personas tienen distintas opiniones sobre el significado de la vida según la etapa de la vida en que se encuentren. Por eso, no debe asumir que una cita representa todo lo que el personaje opina u opinaba sobre el significado de la vida. Pongamos por ejemplo al existencialista francés Jean-Paul Sartre. Seguramente se trate del ateo más famoso del siglo XX. Las citas que de él se han recogido en este libro reflejan su creencia atea y su pensamiento de que la vida es un sinsentido. Sin embargo, en su lecho de muerte, manifestó su creencia en Dios. Otro ejemplo al respecto es el del rey Salomón de la Biblia. En su búsqueda de lo más importante de la vida, situaba siempre a la riqueza en primer lugar, seguida del poder y finalmente de Dios. Su búsqueda de significado, al igual que la de otras muchas personas, evolucionó a lo largo de su vida. Algunas de las citas que se recogen en el libro proceden de la literatura (por ejemplo, de una de las obras de Shakespeare) o de la letra de alguna canción (por ejemplo, la canción *All Along the Watchtower*, de Bob Dylan). En ningún caso debe considerarse la cita de un personaje de ficción o la letra de una canción como el reflejo de la creencia de su autor. Deseamos enfatizar el hecho de que el lector no debería sacar conclusiones sobre la filosofía de vida completa de un autor basándose en una de estas citas individuales.

Seguramente, los diez temas (y capítulos del libro) cubren las principales perspectivas que todos poseemos sobre el significado de la vida. Las citas amplían dichos temas. Es posible que algunas de ellas sean cínicas o deprimentes. Otras son inspiradoras y animosas. La mayoría, si no todas, harán reflexionar al lector. Éste es el objetivo del libro: hacerle reflexionar. Le invitamos a buscar y a pensar.

Richard Kinnier, Jerry Kernes, Nancy Tribbensee y Tina Van Puymbroeck

Capítulo 1

“La vida e
disfrutarla”

para

Todos los animales, excepto el hombre, saben que el máximo de la vida es disfrutarla.

Samuel Butler (1835–1902), escritor y autor de sátiras inglés

¡*Carpe diem*! Goza mientras vivas; disfruta cada día; vive la vida al máximo; aprovecha todo lo que tienes. Es más tarde de lo que crees.

Horacio (65–8 a. C.), poeta de la antigua Roma

Es un viaje muy corto. ¡Vive! Mientras estés vivo.

Malcolm Forbes (1919–1990), editor estadounidense

La máxima real de toda la vida humana es la diversión.

G. K. Chesterton (1874–1936), escritor inglés

Mira, no quiero filosofar, pero sí diré que si estás vivo tienes que agitar los brazos y las piernas, tienes que saltar de aquí para allá porque la vida es todo lo contrario a la muerte y, por lo tanto, debes pensar ruidosa y coloridamente; de lo contrario, es que no estás vivo.

Mel Brooks (n. 1926), director y actor cómico estadounidense

La vida es corta, vívela.

Nikita Khrushchev (1894–1971), líder político soviético

Toda la vida del hombre
no es nada más que un punto
en el tiempo; disfrutémosla,
por lo tanto, mientras dure y
no la malgastemos sin sentido.

Plutarco (46–119), escritor de la antigua Grecia

La vida es una aventura osada
o no es nada.

Helen Keller (1880–1968), escritora y profesora ciega y sorda estadounidense

Todos vivimos con el objetivo
de ser felices; nuestras vidas
son distintas e iguales
al mismo tiempo.

Anne Frank (1929–1945),
escritora alemana y víctima del Holocausto

¿Cómo se mide el éxito?
Riendo a menudo
y mucho; ganándose
el respeto de gente
inteligente y el cariño
de los niños,
consiguiendo el aprecio
de críticos honestos
y aguantando la traición
de falsos amigos;
apreciando la belleza.

Ralph Waldo Emerson (1803–1882),
filósofo estadounidense

La máxima de la vida es la vida misma.

Johann Wolfgang von Goethe (1749–1832), novelista y dramaturgo alemán

Me dan mucha pena aquellas personas que dividen toda su vida en «cosas que me gustan» y «cosas que debo hacer». Vas a estar por aquí muy poco tiempo, amigo. Aprende a disfrutarlo.

Russell Crowe (n. 1964), actor australiano

La máxima y la realización de la vida se hallan en el fortalecimiento de la felicidad.

Maharishi Mahesh Yogi (n. 1917), fundador de la meditación trascendental

Debes estar contento de la vida porque te brinda la oportunidad de amar y de trabajar y de jugar y de contemplar las estrellas.

Henry Van Dyck (1852–1933), poeta estadounidense

Sueña como si fueras a vivir para siempre.
Vive como si fueras a morir hoy.

James Dean (1931–1955), actor estadounidense

Si me preguntan por mi obra más concisa y relajada, citaría sin titubeo alguno *The Dance of Life*, que escribí tranquilamente durante los años más maduros de mi vida. Añadiría, en la misma línea (aunque de modo más íntimo, personal y más fragmentado), las tres series de mi obra *Impressions and Comments*, que ahora se recogen en un volumen con el título de *Fountain of Life*.

Havelock Ellis (1859–1939), escritor y psicólogo inglés

La respuesta más breve y bella sería la siguiente: estamos aquí para sentir cómo la alegría de la vida nos impulsa: ahora.

Joyce Carol Oates (n. 1938), novelista estadounidense

Halla el éxtasis en la vida; el mero sentido de vivir ya es suficientemente alegre.

Emily Dickinson (1830–1886), poetisa estadounidense

Intenta realizar un viaje interesante entre la cuna y la sepultura…

Robert Duvall (n. 1931), actor y director de cine estadounidense

Para mí la vida es una especie de viaje adorable que realizaré cuando haya finalizado todas mis tareas.

Ella Wheeler Wilcox (1850–1919), poetisa y escritora estadounidense

Estamos aquí para emocionarnos desde nuestra
más temprana edad hasta la vejez,
para poseer una curiosidad insaciable sobre el mundo.

Norman Vincent Peale (1898–1993), escritor y clérigo estadounidense

*La vida no tiene que ver con hitos,
sino con momentos.*

Rose Fitzgerald Kennedy (1890–1995), matriarca de la familia Kennedy estadounidense

También podrías vivir.

Dorothy Parker (1893–1967), poetisa y escritora estadounidense

Estoy tan absorta en las maravillas de la tierra
y en la vida que se halla sobre ella que no
puedo pensar en el paraíso y en los ángeles.
Ya tengo bastante para esta vida.

Pearl S. Buck (1892–1973), novelista estadounidense

La vida es una auténtica carrera. Todos estamos en ella y nadie puede detenerla. Cuando el médico te da el primer cachete, está rasgando tu billete y ahí empieza tu carrera. A medida que pasas de la juventud a la edad adulta y de ésta a la madurez, a veces, alzas los brazos y gritas, otras te limitas a colgarte de esa barra que tienes ahí delante. Pero lo importante es la carrera. Creo que lo máximo que puedes esperar al final de la vida es que te hayas despeinado, que estés sin aliento y que no hayas vomitado.

Jerry Seinfeld (n. 1954), actor y cómico estadounidense

La vida es un privilegio ilimitado y, cuando pagas el billete y te subes al coche, no tienes ni idea de la buena compañía que encontrarás.

Ralph Waldo Emerson (1803–1882), filósofo estadounidense

El **baloncesto** es una expresión de la vida, un único reto, a veces tan reluciente que refleja un conjunto. Al igual que la vida, el baloncesto es desordenado e impredecible. Él es quien domina, independientemente de lo que te esfuerces por controlarlo. El secreto está en vivir cada momento con la mente clara y el corazón abierto. De este modo, el partido (y la vida) se preocupará de él mismo.

Phil Jackson (n. 1945),
jugador y entrenador de baloncesto estadounidense

Mi fórmula de vida es bastante sencilla. Me levanto por la mañana y me acuesto por la noche. Entre ambas acciones ocupo el tiempo de la mejor manera posible.

Cary Grant (1904–1986), actor estadounidense

Para mí, la vida es como un baile.
¿Tiene que tener algún significado?
Bailas porque disfrutas haciéndolo.

Jackie Mason (n. 1931), actor cómico estadounidense

Un sabio afirmó una vez que toda actividad humana es una especie de juego. Y el mayor juego consiste en la búsqueda de la Verdad, la Belleza y el Amor. ¿Qué más se necesita? Debería haber también un «significado», que sería una gratificación.

Si malgastamos el tiempo buscando el significado de la vida, es posible que no tengamos tiempo para vivir (o para jugar). Es posible que nuestros sonrientes y elegantes primos del mar sean más sabios que nosotros.

«Observad a las hormigas», dice la Biblia. Un buen consejo para los seres primitivos que luchaban por sobrevivir en un entorno hostil.

Sin embargo, quizá deberíamos tomar en consideración a los delfines.

Arthur C. Clarke (n. 1917), escritor inglés

La vida es para vivirla y la curiosidad siempre debe permanecer viva. Uno no debe jamás, por el motivo que sea, dar la espalda a la vida.

Eleanor Roosevelt (1884–1962), defensora estadounidense de los derechos humanos

a vida es el arte de evitar el dolor.

Thomas Jefferson (1743–1826), presidente de Estados Unidos

Cuando voy a ver una obra de teatro, no la disfruto menos porque no crea que se haya creado y dirigido de manera divina, que durará eternamente en lugar de acabar a las once, que muchos detalles permanecerán en mi memoria tras unos pocos meses o que no tendrá ningún efecto moral determinado en mí. Y disfruto de la vida del mismo modo en que disfruto de esa obra de teatro.

Sinclair Lewis (1885–1951), novelista estadounidense

Mi visión de la vida es sencilla. Consiste en mantener los ojos abiertos y llevarme bien con lo que veo.

Laurence Olivier (1907–1989), actor y director inglés

Mi felicidad no constituye
el medio para alcanzar un fin.
Es el fin. Es su propia máxima.
Su propio objetivo.

Ayn Rand (1905–1982),
filósofa y escritora estadounidense de origen ruso

Los errores son una parte de las deudas que hay que pagar por tener una vida completa.

Sophia Loren (n. 1934), actriz italiana

No merece la pena vivir la vida si no puedes ser indiscreto con tus amigos más íntimos.

Isaiah Berlin (1907–1997), filósofo e historiador inglés

La vida por sí misma es una auténtica comilona.

Julia Child (1912–2004), cocinera y personalidad televisiva estadounidense

Al final descubrí que la única razón de estar viva es para disfrutar de la vida.

Rita Mae Brown (n. 1944), escritora y activista social estadounidense

Dostoyevski tiene razón cuando afirma que el hombre que es feliz ha logrado el objetivo de la existencia. También podríamos decir que el hombre logra el objetivo de la existencia cuando su única razón de existir no es otra que vivir. Esto es, que es feliz.

Ludwig Wittgenstein (1889–1951), filósofo austríaco

La cuestión del significado de la vida no es,
tal y como nos enseñó Buda, edificante.
Uno debe sumergirse en el río de la vida
y dejar que la cuestión se aleje lentamente.

Irvin Yalom (n. 1931), psiquiatra estadounidense

Capítulo 2

“Estamos servir a Dios

quí para
”

Creo que estamos aquí para cumplir la voluntad de Dios. Su voluntad general es la de que nos unamos a Él como creadores mortales conjuntos en la búsqueda de la aplicación de medios y de fines que sean consistentes con Su naturaleza (entre lo que se incluye el amor, el poder y la justicia) para preservar y hacer del mundo, de los demás y de nosotros mismos todo lo que deberíamos y podríamos ser.

Jesse Jackson (n. 1941), político y líder estadounidense de los derechos civiles

Mi tesoro consiste en luchar contra la oscuridad y todas las fuerzas malignas.

Mahatma Gandhi (1869–1948), líder indio

Creemos que somos la imagen de nuestro Creador. Nuestra respuesta no debe ser otra que estar a la altura de ese gran potencial: dar gloria a Dios reflejando Su belleza y Su amor. Por eso estamos aquí y ésta es la máxima de nuestras vidas. En esa respuesta entablamos relaciones con Dios, con nuestro prójimo y estamos en armonía con toda la creación.

Desmond Tutu (n. 1931), líder sudafricano de los derechos civiles

Debemos liberarnos para acoger a Dios en nuestro interior.

Madre Teresa de Calcuta (1910–1977), misionera albanesa

Nacemos para manifestar
la gloria de Dios que todos
llevamos dentro;
no sólo algunos, sino todos.

Nelson Mandela (n. 1918),
presidente de Sudáfrica

¿Cómo podría existir el hombre si Dios no lo necesitara, y cómo existirías tú? Necesitas a Dios para existir y Dios te necesita: ése es el significado de la vida.

Martin Buber (1878–1965), filósofo austríaco

La vida en el mejor de los casos es un triángulo coherente. En un ángulo se halla la persona individual. En el otro ángulo, el resto de personas. Y en el ángulo superior se halla la persona infinita, Dios. Sin el desarrollo de cada parte del triángulo, una vida no puede ser completa.

Martin Luther King (1929–1968), líder estadounidense de los derechos civiles

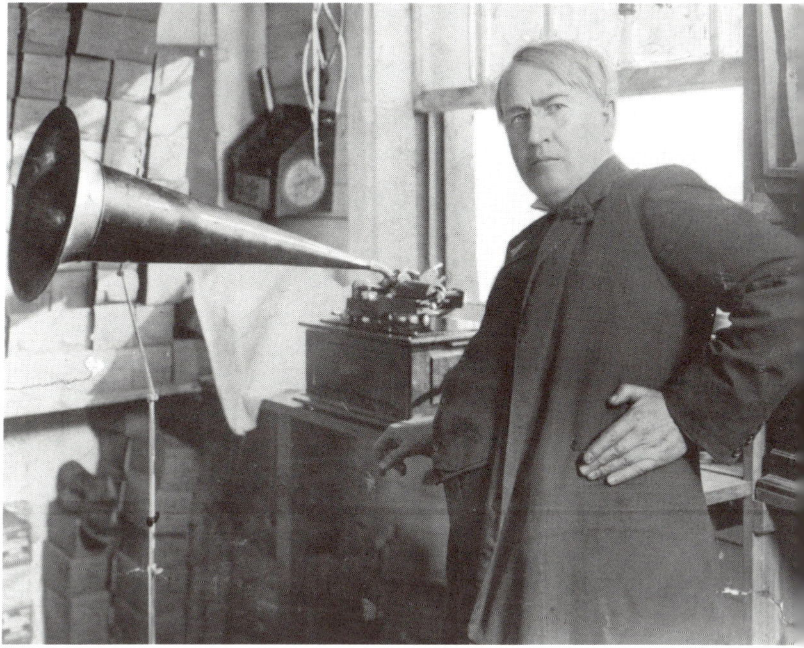

Creo que todo el mundo debería realizar las cosas de la mejor manera posible y confiar en la Inteligencia Superior que rige el Universo para asistir al más allá.

Thomas Edison (1847–1931), inventor estadounidense

LA CREACIÓN NO FUE UN ACCIDENTE. DIOS TENÍA LA INTENCIÓN DE INFUNDIR VIDA EN EL MUNDO Y DE HACER DEL HOMBRE SU OBRA MAESTRA: ASÍ ESTÁ ESCRITO EN LA BIBLIA.

NO HAY NINGÚN TIPO DE DUDA EN QUE TODA CRIATURA VIVIENTE POSEE UNA CHISPA DIVINA DE DIOS; TODOS NOSOTROS, ANIMALES INCLUIDOS, SOMOS CRIATURAS DE DIOS. DIOS ES VIDA Y LA VIDA ES DIOS. TODA CRIATURA VIVIENTE, COMO HIJA DE DIOS, POSEE LA MAYOR DE LAS IMPORTANCIAS.

Isaac Bashevis Singer (1904–1991), novelista estadounidense

Dios nos hizo a su propia imagen y semejanza
y tuvo algún motivo para crearnos.

Marcus Garvey (1887–1940), líder nacionalista negro jamaicano

Hay vida en todas las criaturas, desde la más
pequeña e insignificante hasta el hombre.
Existe porque el creador de este universo deseó
que existiera. Lo elaboró para perpetuarse
a sí mismo.

William Westmoreland (1914-2005), líder militar estadounidense

Toda la riqueza sobre la Tierra, toda la riqueza bajo la Tierra y toda la riqueza del universo es como el ala de un mosquito si se compara con la riqueza que recibiremos en el Más Allá. La vida en la tierra no es más que una preparación para el hogar eterno, que es mucho más importante que los pequeños placeres que nos seducen por aquí.

Muhammad Ali (n. 1942), boxeador estadounidense

Teme a Dios y cumple Sus mandamientos;
ése es el único deber del hombre.

Rey Salomón († h. 922 a. C.), rey bíblico

No hay felicidad donde no hay sabiduría;
no hay sabiduría si no hay sumisión a los dioses.

Sófocles (h. 496 a. C.–h. 406 a. C.), dramaturgo griego

Dios no pregunta a nadie si acepta la vida. No se trata de una opción.
Debes aceptarla. Lo único que puedes decidir es el cómo.

Henry Ward Beecher (1813–1887), político estadounidense

Los que somos cristianos nos referimos a un acto que sorprende a nuestra propia imaginación. Los cristianos afirmamos que Dios, el Creador Todopoderoso del Universo, se convirtió en hombre en la figura de Jesucristo. Nos enseñó que Dios es amor y que desea perdonarnos cuando comprometamos nuestras vidas con Él. Nos ofreció la esperanza de un paraíso eterno. Creo que Él es la respuesta a todas las búsquedas individuales de significado.

Billy Graham (n. 1918), evangelista estadounidense

La máxima de la vida consiste en lograr la perfección. La rosa empieza como una semilla o un esqueje, luego crece y se desarrolla gracias al sol y a la lluvia. Tras un período de tiempo, florece la rosa perfecta. La experiencia humana es muy similar salvo en el lapso de tiempo que es mayor porque el hombre, antes de alcanzar ese estado de perfección, debe regresar una y otra vez por medio de varias encarnaciones para conquistar toda enfermedad, avaricia, envidia, ira, odio y culpa... Debe modelarse a sí mismo siguiendo a los maestros de la perfección, como el gran maestro Jesús. El deseo de querer ser perfecto es el único requisito.

Willie Nelson (n. 1933), cantante estadounidense

¡Nuestras vidas no son más
que extraños intermedios oscuros
en la exposición eléctrica
del Dios Padre!

Eugene O'Neill (1888–1953), dramaturgo estadounidense

Capítulo 3

“Estamos realizarnos día más sab

aquí para
y ser cada
os ”

La cuestión no es «¿por qué estamos aquí?» sino «¿cómo debemos vivir la vida?». La respuesta se halla en la *Ética* de Aristóteles. Todos nuestros avances tecnológicos no han modificado esta complicada pregunta. Los griegos del siglo V a. C. son nuestros contemporáneos; no somos más sabios que ellos. Recordemos la respuesta de Harry Truman cuando le preguntaron el motivo por el cual estaba leyendo *Las vidas* de Plutarco: «Para enterarme de lo que está sucediendo en Washington».

Mortimer Adler (1902–2001), filósofo estadounidense

La vida que no se examina no merece ser vivida.

Platón (428 a. C.–347 a. C.), filósofo de la antigua Grecia

La tarea principal del hombre en la vida consiste en parirse a sí mismo, en convertirse en lo que es potencialmente.

Erich Fromm (1900–1980), psiquiatra alemán

La máxima de la vida es el desarrollo personal. Darse cuenta por completo de la naturaleza de uno mismo: ése es el motivo por el que estamos aquí.

Oscar Wilde (1854–1900), escritor irlandés

La vida es una serie de colisiones con el futuro;
no es la suma de lo que hemos sido,
sino lo que anhelamos ser.

José Ortega y Gasset (1883–1955), filósofo español

El único fin de la vida consiste en ser lo que somos y en convertirnos en lo que somos capaces de convertirnos.

Robert Louis Stevenson (1850–1894), escritor escocés

Si una persona se propone lograr un objetivo difícil, a partir del cual el resto de objetivos seguirán lógicamente, y si invierte toda su energía en desarrollar las habilidades necesarias para alcanzar dicho objetivo, tanto las acciones como las emociones estarán en armonía y las distintas etapas de la vida encajarán, y toda actividad cobrará sentido en el presente, así como la visión del pasado y del futuro. En cierto modo, es posible dar sentido a toda nuestra vida.

Mihaly Csikszentmihalyi (n. 1934), psicólogo estadounidense

El objetivo de la vida humana reside en alcanzar nuestra propia evolución espiritual, deshacernos de la negatividad, establecer armonía en nuestros cuadrantes físicos, emocionales, intelectuales y espirituales, aprender a vivir en armonía con la familia, la comunidad, la nación, el mundo entero y todos los seres vivos, tratar a toda la humanidad como a hermanas y a hermanos; de este modo se logrará finalmente la paz en el mundo.

Elisabeth Kübler-Ross (1926–2004), psiquiatra y escritora estadounidense

Te enseño al Superhombre,
el Hombre es algo que hay que superar.

Friedrich Nietzsche (1844–1900), filósofo alemán

Todos buscamos lo mismo: ser más sabios y aprender a amar mejor.

Rachel Naomi Remen (n. 1938), profesora y reformadora médica estadounidense

No puedes esperar construir un mundo mejor sin mejorar individualmente. Por eso, todos debemos trabajar por nuestra propia superación.

Marie Curie (1867–1934), científica polaca

El coraje es la escalera por la que suben el resto de virtudes.

Clare Booth Luce (1902–1987), diplomática y dramaturga estadounidense

La religión antigua y la ciencia moderna están de acuerdo: estamos aquí para alabar. O, para afinar la expresión, para prestar atención. Sin nosotros, los científicos que han adoptado el principio antrópico afirman que el universo no tendría testigos y, de algún modo, no existiría. Existe, increíblemente, gracias a nosotros. Esta formulación (sabiendo lo que sabemos de la extensión del universo) es aún más increíble para nuestro sentido de las cosas que la situación del Antiguo Testamento de un Dios con el deseo de hacer sufrir, de mimar, de instruir e incluso (en el Libro de Job) de debatir a los hombres para darse cuenta del beneficio exiguo de la adoración, de la alabanza por Su Creación. Lo que realmente poseemos es nuestra curiosidad intelectual instintiva por el universo desde los quásares hasta los quarks, nuestro placer y nuestro asombro por la propia existencia y una oleada ocasional de total gratitud ciega por estar aquí.

John Updike (n. 1932), escritor estadounidense

Me marché al campo porque
deseaba vivir pausadamente,
para enfrentarme únicamente
a los hechos esenciales de la vida
y para ver si podía aprender
lo que tenía que enseñarme
y no tener que descubrir,
cuando llegara mi hora,
que no había vivido.

Henry David Thoreau (1817–1862), escritor estadounidense

La especie humana se encuentra en un estado de evolución detenida. No estamos hechos para permanecer en este estado físico primitivo más de lo que un renacuajo no está hecho para serlo eternamente. La evolución es una calle de sentido único: por ejemplo, cuando los primeros seres acuáticos primitivos se desplazaron hacia el suelo, dejaron atrás sus branquias y desarrollaron pulmones que les permitieron respirar aire. Hoy en día no podemos imaginarnos las condiciones de nuestra evolución futura del mismo modo que aquellos peces no podían imaginar la vida sobre suelo seco.

William Burroughs (1914–1997), escritor estadounidense

Nuestra máxima consiste en evolucionar de forma pausada y consciente hacia un estado de existencia más sabio, más libre y luminoso; para volver al Edén, tenemos que hacernos amigos de la serpiente y configurar nuestros ordenadores entre los manzanos salvajes.

Tom Robbins (n. 1936), novelista estadounidense

Nuestras mentes no son infinitas, y aún así, estamos rodeados de posibilidades infinitas. La máxima de la vida consiste en comprender todo lo que podamos de esa infinidad.

Alfred North Whitehead (1861–1947), filósofo y matemático inglés

Aprendí... que nunca se puede volver atrás, que nunca hay que intentarlo: la esencia de la vida es ir hacia adelante. La vida es una calle de sentido único.

Agatha Christie (1890–1976), novelista inglesa

La pregunta del valor y del significado de la existencia es distinta a cualquier otra: uno no parece tomársela demasiado en serio hasta que se enfrenta a ella.

Karl Jaspers (1883–1969), psiquiatra alemán

Capítulo 4

“El signif
la vida es u

ado de
misterio ”

La vida es una pregunta sin respuesta. Creamos, sin embargo, en su dignidad e importancia.

Tennessee Williams (1911–1983), dramaturgo estadounidense

No sé si este mundo posee un significado que lo trascienda. Pero sé que no conozco dicho significado y que me es imposible saberlo.

Albert Camus (1913–1960), escritor francés

La vida es una fortaleza de la que ni tú ni yo sabemos nada al respecto.
Napoleón Bonaparte (1769–1821), emperador francés

Lo más interesante del mundo es otro ser humano que se pregunte, sufra y formule las preguntas que le han estado preocupando hasta el último día de su vida sabiendo que jamás logrará las respuestas.

Will Durant (1885–1981), historiador estadounidense

El mero hecho de pensar no puede revelarnos el mayor propósito.

Albert Einstein (1879–1955), físico estadounidense de origen alemán

Existe una confirmación de significado indescriptible... No sabes cómo mostrar ni definir el significado de la vida, no dispones de fórmula ni de dibujo alguno, y aún así, posee más certeza para ti que la percepción de tus propios sentidos.

Martin Buber (1878–1965), filósofo austríaco

La vida no consiste principalmente, ni siquiera en gran parte, en hechos y en acontecimientos. Consiste principalmente en la tormenta de pensamientos que fluye en nuestra mente.

Mark Twain (1835–1910), escritor estadounidense

La vida del hombre es como las hojas de los árboles.

Homero (h. 900 a. C.–h. 850 a. C.), poeta de la antigua Grecia

Ahora llego a pensar que el mundo entero es un enigma, un enigma inofensivo que hemos convertido en algo terrible por nuestro propio intento de interpretarlo como si tuviera una verdad subyacente.

Umberto Eco (n. 1932), novelista italiano

Los eruditos que han estudiado durante muchos años los mitos y las religiones y que han conectado todas las teorías dispersadas a lo largo de los siglos sobre la vida y el conocimiento y que han despojado todo el boato superficial, han propuesto la misma sensibilidad. La llaman de distintas maneras. Intentan personificarla y tratarla de distintos modos. Pero todo el mundo parece estar de acuerdo en que la vida no puede explicarse. El único motivo de la vida es la vida. No hay ningún por qué. Existimos. La vida está más allá de lo racional.

George Lucas (n. 1944), director de cine estadounidense

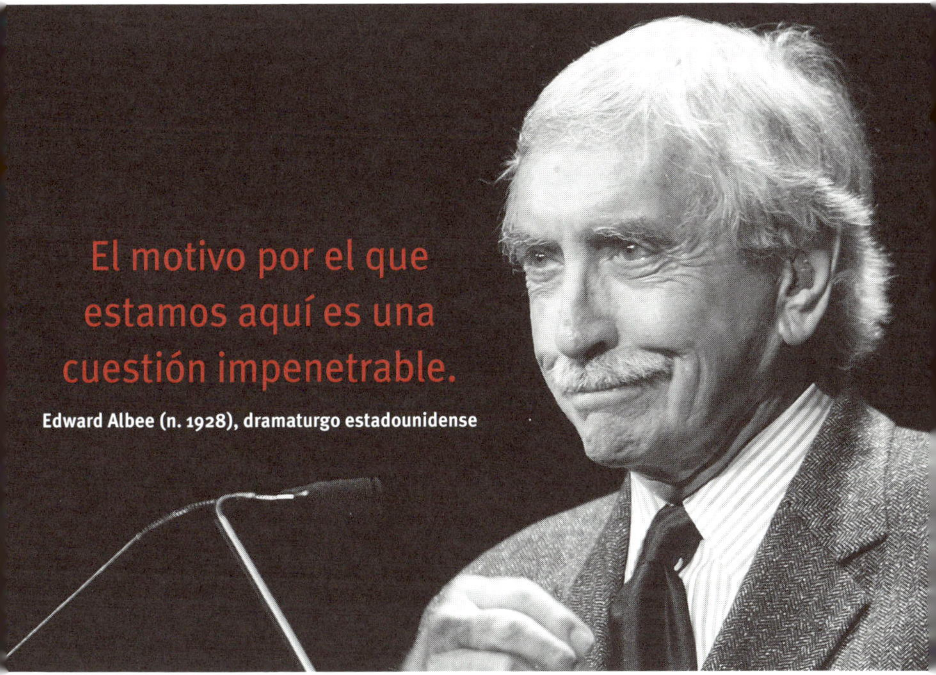

El motivo por el que estamos aquí es una cuestión impenetrable.

Edward Albee (n. 1928), dramaturgo estadounidense

¿Qué es la vida humana? Vapor, niebla, rocío, floración, una flor, una rosa, una brizna de hierba, una burbuja de cristal, un cuento contado por un idiota, una burbuja de jabón, la vanidad de las vanidades, una sucesión eterna de lo que me aterraría casi tanto como la aniquilación.

John Adams (1735–1826), presidente de Estados Unidos

He perdido el significado de mi propio papel en la obra de la vida porque desconozco el papel que desempeñan los demás.

Rabindranath Tagore (1861–1941), poeta y dramaturgo indio

La vida es el arte de estar bien engañado; y para que la decepción tenga éxito, debe ser habitual e ininterrumpida.

William Hazlitt (1778–1830), humanista y escritor inglés

La vida es el arte de alcanzar conclusiones suficientes a partir de premisas insuficientes.

Samuel Butler (1835–1902), escritor y autor de sátiras inglés

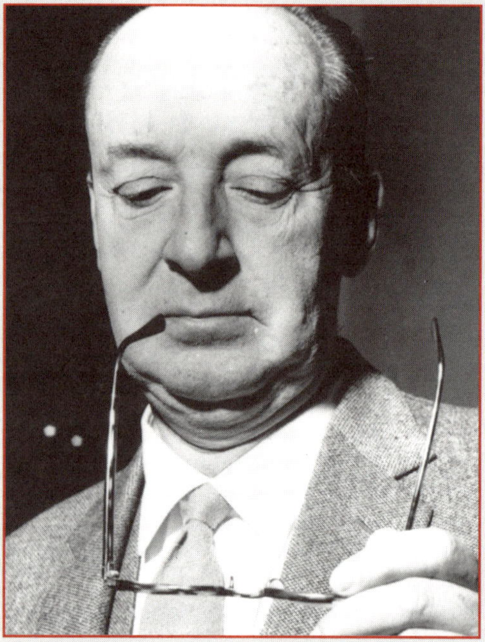

La vida es una gran sorpresa. No sé por qué la muerte no podría ser una sorpresa incluso mayor.

Vladimir Nabokov (1899–1977), escritor ruso

La vida es aquello que te sucede mientras
estás ocupado haciendo otros planes.

John Lennon (1940–1980), músico inglés

Los tópicos de la vida son componentes de su misterio eterno.

Gertrude Atherton (1857–1948), escritora estadounidense

No dirigí mi vida. No la diseñé. Nunca tomé decisiones. Las cosas siempre aparecieron y lo hicieron por mí. Eso es la vida.

B. F. Skinner (1904–1990), psicólogo estadounidense

No sé lo que el mundo pensará de mí,
pero personalmente siempre me
he visto como un muchacho que juega
en la orilla del mar y que se entretiene
de vez en cuando buscando una piedra
más fina o una orilla más bella de
lo normal mientras que el gran océano
de la verdad permanecía desconocido
delante de mí.

Isaac Newton (1642–1727), científico inglés

La vida forma patrones ilógicos. Es caótica y llena de bellezas que intento atrapar cuando me pasan por delante, pues ¿quién sabe si alguna vez se me volverán a presentar?

Margot Fonteyn (1919–1991), bailarina inglesa

Cuando tomo esta cuestión en consideración, no hallo ni una sola propiedad con la que se pueda separar realmente la realidad del sueño. ¿Cómo puedes estar seguro de que tu vida entera no es un sueño?

René Descartes (1596–1650), filósofo francés

Prácticamente todos los aspectos de la vida están fraguados a nivel molecular y, sin comprender las moléculas, sólo podemos optar a una comprensión muy superficial de la propia vida.

Francis Crick (1916–2004), científico inglés

La vida en la existencia temporal nunca es lo bastante inteligible.

Soren Kierkegaard (1813–1855), filósofo danés

Si halláramos la respuesta [a por qué el universo y nosotros existimos], se trataría del último triunfo de la razón humana, puesto que conoceríamos la mente de Dios.

Stephen Hawking (n. 1942), físico inglés

El significado de la vida es un misterio.

No soy muy dada a las reflexiones teológicas pero reconozco dichos misterios. En mi vida, las raíces más profundas de mi ser (puede que a consecuencia de mi alma judía) consisten en un imperativo existencial según el cual estamos aquí para perpetuar la condición humana, no sólo a través de nuestros hijos sino también por medio de lo que hacemos con nuestras vidas. Independientemente de cómo nombremos a Dios, sentimos que nuestra vida tiene algún motivo y vamos más allá de nuestros propios intereses. Festejo mi tradición judía; en mi alma, El Señor, Nuestro Dios, es el Todo.

Betty Friedan (1921-2006), reformista social estadounidense

El curioso viene con la esperanza de encontrar algo definitivo, algo permanente, algo estático de lo que poder depender. En cambio, se le ofrece la reflexión de que la vida no es nada más que lo que parece ser, una bolsa cambiante, ambigua y efímera. Es posible que a menudo sea algo desalentador pero, al final, merece la pena porque no es nada más que eso.
El paciente «peregrino» desea lograr una forma de vida definitiva, y está claro que:

El modo del que se puede hablar
no es constante;
El nombre que se le puede dar
no es constante.

Sheldon B. Kopp (1929–1999), psicólogo estadounidense

Deseaba un final perfecto... Ahora he aprendido lo más difícil: que algunos poemas no tienen ritmo y que algunas historias no tienen ni un planteamiento ni un nudo ni un desenlace claros. La vida tiene que ver con no saber, con tener que cambiar, con aceptar las cosas tal y como vienen y sacar el mayor provecho de ellas, sin saber qué es lo que va a suceder a continuación. Una ambigüedad deliciosa.

Gilda Radner (1946–1989), actriz cómica estadounidense

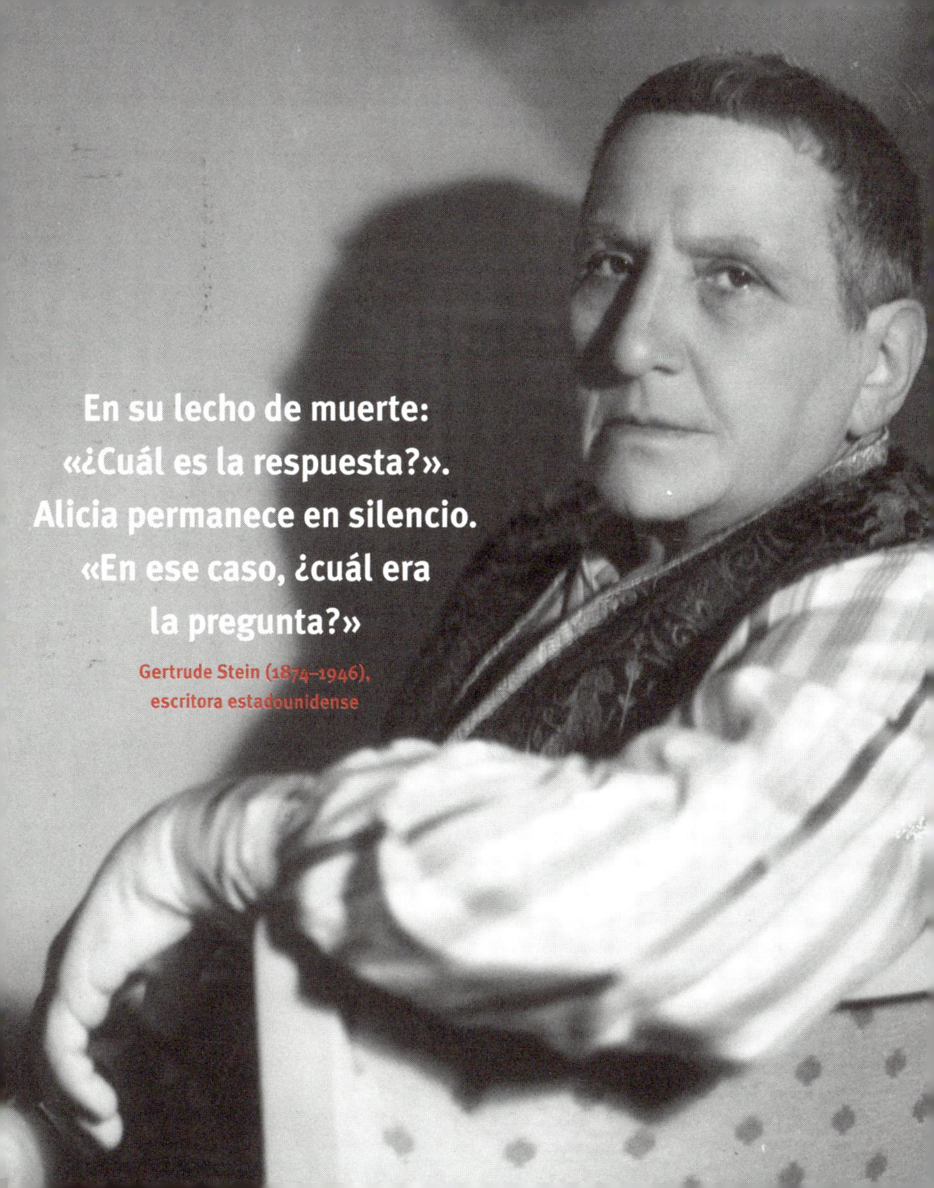

En su lecho de muerte: «¿Cuál es la respuesta?». Alicia permanece en silencio. «En ese caso, ¿cuál era la pregunta?»

Gertrude Stein (1874–1946), escritora estadounidense

Hallar el punto en el que confluyen
lo hipotético y lo real; el delicado
equilibrio entre los sueños y la
realidad; el lugar en el que la fantasía
y lo terrenal sufren una metamorfosis y
se convierten en una obra de arte;
la hora en que la fe del futuro
se convierte en el conocimiento
del pasado; poner el poder propio
en las manos de quienes lo necesitan;
librarse del calvario antiguo
y prepararse para el nuevo; preguntar,
aún a sabiendas de que nunca
se hallará la respuesta; aceptar las
dudas de forma sosegada, incluido
nuestro conocimiento incompleto
sobre Dios: en esto consiste la vida
de las personas, creo.

Lillian Smith (1897–1966),
escritora y crítica estadounidense

La vida es como leerle sánscrito a un poni.

Lou Reed (n. 1942), músico estadounidense

Capítulo 5

“La vida n
sentido”

tiene

Por lo que se refiere al significado de la vida, no creo que tenga ninguno. No me pregunto en absoluto cuál es, pero sospecho que carece de él y, para mí, eso es una fuente de gran tranquilidad. Hacemos lo que podemos y eso es todo. Los que buscan un Dios o libreto cósmico que lo abarque todo están penosamente equivocados. Creedme.

Isaiah Berlin (1907–1997), filósofo e historiador inglés

En el momento en el que uno se pregunta cuál es el sentido del valor de la vida, es que está enfermo, puesto que, objetivamente, ninguno de los dos existe.

Sigmund Freud (1856–1939), psiquiatra austríaco

El mundo es un escenario y tanto hombres como mujeres, meros actores.

William Shakespeare (1564–1616), dramaturgo inglés

La vida es como un cuento relatado por un idiota, lleno de estruendo y furia, sin significado alguno.

William Shakespeare (1564–1616), dramaturgo inglés

Soy el anexo temporal de un propósito provisional; una vez que dicho propósito se haya cumplido, tanto mi cráneo como mis dientes, mi idiosincrasia y mis anhelos desaparecerán, como las vigas de una caseta tras una feria.

H. G. Wells (1866–1946), escritor inglés

Ni creo en la inmortalidad ni la deseo. La creencia en la inmortalidad proviene de los egos pueriles de las personas inferiores. En su forma cristiana, es poco más que un dispositivo para vengarse de aquellos que disfrutan de una buena vida aquí en la Tierra. Desconozco el significado que pueda tener la vida humana: pero me inclino a sospechar que carece de él.

H. L. Mencken (1880–1956), periodista estadounidense

¿Qué es la vida? Una ilusión, una sombra, una ficción, y el mayor bien es pequeño; que toda la vida es sueño, y los sueños, sueños son.

Calderón de la Barca (1600–1681), poeta y dramaturgo español

Esto es todo lo que he hecho tras treinta y nueve años.

Dylan Thomas (1914–1953), poeta galés

La vida y el amor no son más que un sueño.

Robert Burns (1759–1796), poeta escocés

Estamos aquí porque una vez hubo un extraño grupo de peces cuya peculiar anatomía de sus aletas se transformó en patas en las criaturas terrestres; porque los cometas golpearon la Tierra y exterminaron a los dinosaurios, lo que supuso una oportunidad de supervivencia para los mamíferos que no hubiese existido de ninguna otra forma (así que da gracias literalmente a tus estrellas de la suerte); porque la tierra no se congeló por completo durante las glaciaciones; porque una especie pequeña y tenaz, que surgió en África hace un cuarto de millón de años, ha logrado sobrevivir hasta el momento por las buenas o por las malas. Podemos anhelar una respuesta «superior»; pero no existe. Esta explicación, a pesar de ser conflictiva superficialmente, cuando no aterradora, es en última instancia liberadora y estimulante. No podemos buscar el significado de la vida pasivamente en los hechos de la naturaleza. Nosotros mismos debemos construir las respuestas, desde nuestro propio saber y sentido ético. No hay otro modo.

Stephen Jay Gould (1941–2002), paleontólogo estadounidense

La vida no tiene significado más allá de esta realidad, a pesar de que la gente siga buscando excusas. Hay teorías sobre la vida más allá de las amebas, de la muerte, entre la muerte, en torno a ésta... La gente lo denomina verdad, religión; yo lo denomino demencia, la negación de la muerte como la verdad básica de la vida. La pregunta «¿cuál es el significado de la vida» es estúpida. La vida existe y punto.

Jackie Mason (n. 1931), actor cómico estadounidense

No podía haber ningún otro tipo de respuesta que la mía: ¿cuál es el significado de mi vida? Ninguno. ¿Cuál será la consecuencia de mi existencia? Nada. O, ¿por qué todo lo que existe existe y por qué existo? Porque existe.

Leo Tolstoy (1828–1910), novelista ruso

Hay que dar un significado a la vida por el hecho obvio de que carece de él.

Henry Miller (1891–1980), escritor estadounidense

La vida, tal y como la llamamos, no es más que el borde del océano infinito de la existencia que desemboca en un sondeo.

Oliver Wendell Holmes (1841–1935), abogado estadounidense

La vida es una concurrencia fortuita y sin razón de átomos sin un agente comprensivo que los guíe.

John Locke (1632–1704), filósofo inglés

Lo que hace que la vida sea aburrida es el deseo de buscarle un motivo.

T. S. Eliot (1888–1965), poeta y dramaturgo inglés de origen estadounidense

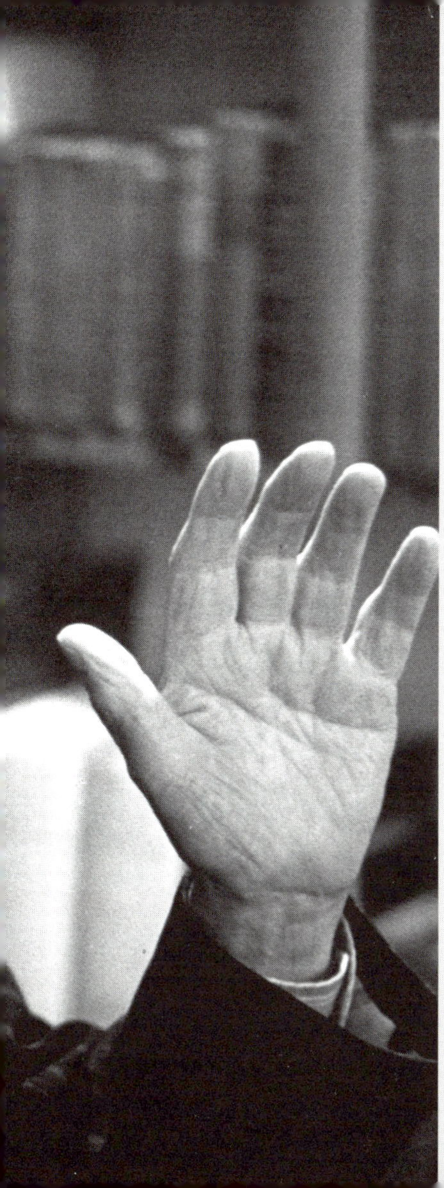

Todas las obras de todos los siglos, toda devoción, toda inspiración y todo el brillo deslumbrante de los genios están destinados a extinguirse con la muerte del sistema solar, y el templo de los logros de la humanidad arderán inevitablemente bajo los escombros de un universo en ruinas.

Bertrand Russell (1872–1970), filósofo y matemático inglés

Miro a todas partes y lo único que veo es oscuridad.

Blaise Pascal (1623–1662), matemático francés

Somos tan aptos, en nuestro creciente egotismo,
de considerar todos esos complementos
que se perfilan a nuestro alrededor como prosperidad
y como de nuestra propiedad, que el descubrimiento
de nuestra propia carencia de importancia
se convierte en algo inexplicablemente mortificante
cuando se abandona a nuestros propios recursos.

Walter Scott (1771–1832), novelista escocés

La vida carece de significado salvo en términos de responsabilidad.

Reinhold Niebuhr (1892–1971), teólogo estadounidense

La vida es una pérdida de horas aburridas.

Thomas Moore (1779–1852), poeta irlandés

Si tenemos que morir, nuestra vida carece de significado porque sus problemas no se solucionan y porque el significado más profundo de éstos permanece indeterminado.

Jean-Paul Sartre (1905–1980), filósofo y escritor francés

Son cosas de la vida, ¿verdad? Un día avanzas y tienes éxito, luego sigues avanzando, y otro te adelanta, luego hay otro que le adelanta a este último. Son diferentes etapas.

Katherine Hepburn (1907–2003), actriz estadounidense

Soy lo que soy. Buscar «motivos» no viene al caso.

Joan Didion (n. 1934), escritor estadounidense

Nada importa. [Últimas palabras]

Louis B. Mayer (1885–1957), productor de cine estadounidense

El mayor consuelo que poseemos los mortales y que extraemos de la naturaleza transitoria de todo lo que nos rodea, directamente desde la palabra y en toda coyuntura, es que «esto también morirá».

Nathaniel Hawthorne (1804–1864), escritor estadounidense

La vida es un paseo corto desde la cuna hasta la sepultura.

Alice Childress (1920–1994), escritora estadounidense

El significado de la vida es que se detiene.

Franz Kafka (1883–1924), autor checo

La primera definición de la palabra «significado» según el Oxford English Dictionary es: propósito. Bueno, cuanto más sabemos del universo real (no de la fantasía de la mayoría de las religiones), menos pruebas tenemos de que tenga un propósito determinado.

Arthur C. Clarke (n. 1917), escritor inglés

Lo gracioso de la vida lo constituye ese acuerdo misterioso de lógica despiadada para alcanzar un propósito inútil.

Joseph Conrad (1857–1924), novelista inglés

¿Es que la pregunta posee algún tipo de significado?

George Bernard Shaw (1856–1950), dramaturgo irlandés

No hay por qué alguno. Estás y punto.

John Cage (1912–1992), compositor estadounidense

Capítulo 6

“Estamos ayudar a lo.

qui para
demás ”

LA VIDA DEL HOMBRE
NO CONSISTE EN
CONTEMPLAR VISIONES
Y EN SOÑAR SUEÑOS,
SINO EN LA CARIDAD
ACTIVA Y EN EL SERVICIO
COMPLACIENTE
A LOS DEMÁS.

Henry Wadsworth Longfellow (1807–1882), poeta estadounidense

Mi consuelo y mi felicidad
los hallo en el servicio
a los demás, porque
la esencia divina es la suma
global de todas las vidas.

Mahatma Gandhi (1869–1948), líder indio

El servicio a los demás es el coste que debes pagar por existir.

Marian Wright Edelman (n. 1939), trabajadora estadounidense por los derechos civiles

La vida consiste en una aventura en el perdón.

Norman Cousins (1915–1990), autor y editor estadounidense

¿Hay mayor sabiduría que la bondad?

Jean Jacques Rousseau (1712–1778), filósofo suizo

Son tres las pasiones, sencillas
pero sobrecogedoramente
fuertes, que han dominado
mi vida: el deseo de hallar
el amor, la búsqueda
del conocimiento
y la insoportable compasión
por el sufrimiento de
la humanidad.

– Bertrand Russell (1872–1970), filósofo y matemático inglés

Sólo merece la pena una vida vivida para los demás.

Albert Einstein (1879–1955), físico estadounidense de origen alemán

¡Qué extraños son la mayoría de los mortales! Estamos aquí para pasar una estancia breve, desconocemos el motivo pero podemos sentirlo. Sin embargo, sin una reflexión más profunda sabemos a partir de nuestra vida cotidiana que existimos para ayudar al resto.

Albert Einstein (1879–1955), físico estadounidense de origen alemán

Lo primero que hago por las mañanas al levantarme es contemplar una fotografía de Albert Einstein que tengo sobre la mesita de noche. En la dedicatoria personal puede leerse: «Uno empieza a vivir cuando puede hacerlo fuera de sí mismo». En otras palabras, cuando puede tener tanta estima y respeto por sus amigos como el que tiene por él mismo. Creo que estamos aquí para hacer el bien. La responsabilidad de todo ser humano consiste en aspirar a realizar algo de provecho, hacer que este mundo sea un lugar mejor que cuando lo encontró. La vida es un regalo, y si estamos de acuerdo en aceptarlo, debemos contribuir a modo de compensación. De lo contrario, habremos fracasado en responder apropiadamente al porqué estamos aquí.

Armand Hammer (1898–1990), industrial estadounidense

¿Por qué estamos aquí? Para adoptar «Life 101», un currículum de experiencias vitales por medio del cual podemos descubrir la plenitud de nuestro ser. Dicho descubrimiento supone aprender el modo de reconocer y de conservar en nuestro interior las polaridades: separación y unidad, vida y muerte, bueno y malo, actividad y pasividad, placer y dolor, sufrimiento y alegría.

Por medio de este proceso, llegamos a manifestar, cada uno de manera distinta, el poder, el amor y la compasión de nuestro corazón por los demás así como la claridad e imparcialidad de nuestra mente. De este modo se manifiesta de nuevo el Espíritu.

Ram Dass (n. 1933), gurú estadounidense

CREO EN UN ÚNICO DIOS Y ESPERO HALLAR LA FELICIDAD MÁS ALLÁ DE ESTA VIDA. CREO EN LA IGUALDAD DE LOS HOMBRES; Y CREO QUE LOS DEBERES RELIGIOSOS CONSISTEN EN SER JUSTOS, COMPASIVOS Y EN ESFORZARNOS PARA QUE LAS CRIATURAS QUE NOS RODEAN SEAN FELICES.

Thomas Paine (1737-1809), escritor y líder revolucionario inglés

Me gustaría creer que el mayor estado de evolución de nuestra vida consiste en alcanzar un estado en el que predominen la honradez y la donación y en el que sintamos nuestra individualidad con las creaciones del universo. Debemos buscar el bien en todas las creaciones de Dios. Es muy importante que invirtamos nuestra fe en la mejor parte de la humanidad.

Quincy Jones (n. 1933), músico y productor musical estadounidense

Hay una tierra de vivos y una tierra de muertos y el puente es el amor, la única supervivencia, el único significado.

Thornton Wilder (1897–1975), novelista y dramaturgo estadounidense

Una vida más abundante es una vida más cariñosa, una vida en la que amamos a Dios, a quién no vemos, mientras amamos a nuestros vecinos. ¿Amar a los rusos? Claro. ¿Amar a ese mendigo andrajoso y maloliente del metro? Por supuesto. ¿Amar a ese tipo con SIDA? Sí. ¿Amar a aquel chico que te atracó para conseguir dinero para comprar drogas? Muy especialmente... ¿El significado de la vida? Son tres: fe, esperanza y amor. Y el mayor de todos es el amor.

Theodore Hesburgh (n. 1917), teólogo católico estadounidense

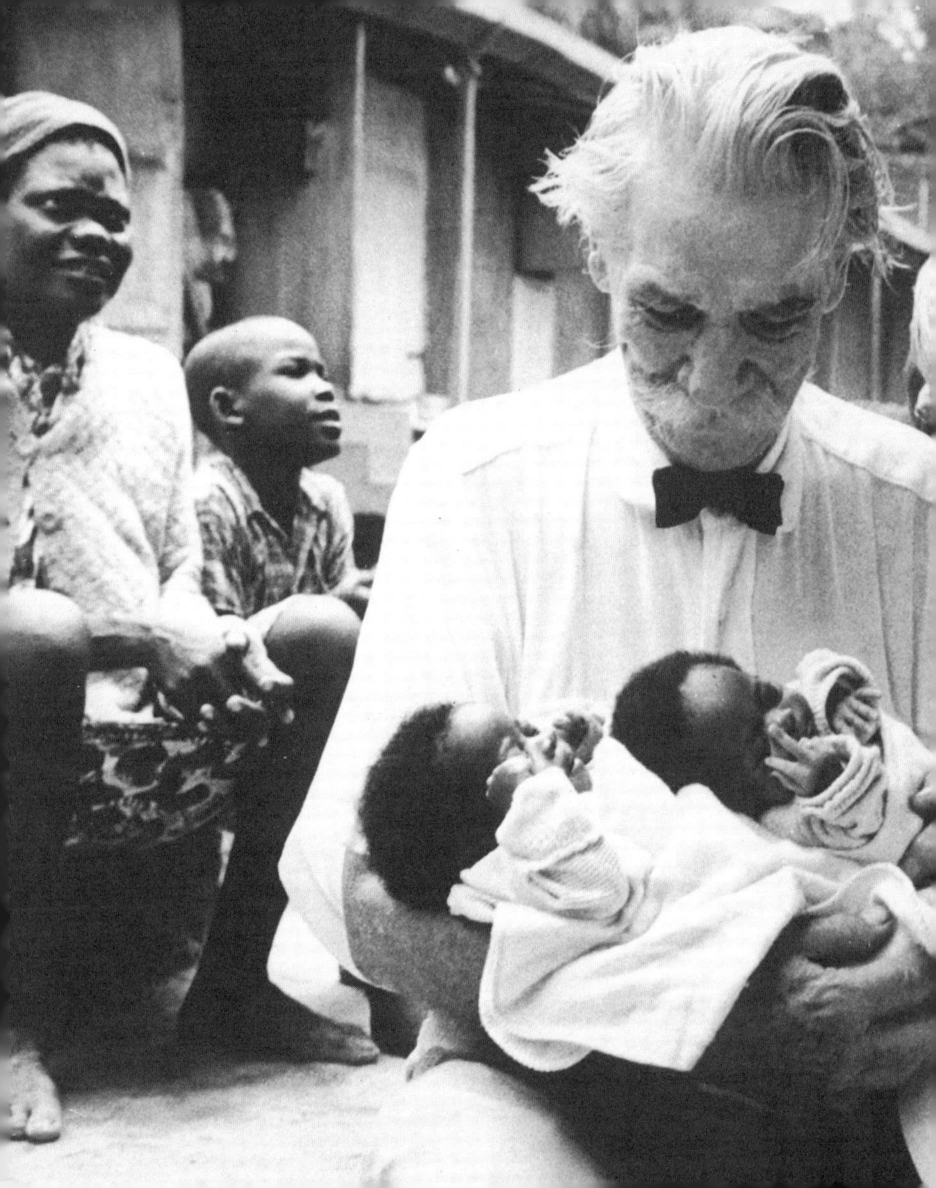

El futuro de la humanidad depende de que todo el mundo se esfuerce en el estado de vida en el que se encuentre en ser piadoso y compasivo con el prójimo.

Albert Schweitzer (1875–1965), filósofo francés

El amor por sí solo es capaz de unir a seres de modo que los complemente y los llene: es capaz de unirlos por lo más profundo de sus vidas.

Pierre Teilhard de Chardin (1881–1955), filósofo francés

El amor es el objetivo último y mayor al que puede aspirar el hombre. La salvación del hombre se consigue a través del amor y en el amor.

Viktor Frankl (1905–1997), psiquiatra austríaco

El pan de la vida es el amor,
la sal de la vida es el trabajo,
el azúcar es la poesía,
y el agua, la fe.

Anna Jameson (1794–1860), escritora inglesa

Todos tenemos una vocación. *Vocco*, «llamar», es la base latina de la palabra «vocación». Por eso, todos nosotros, y no únicamente el clero, recibimos la llamada de Dios por medio de nuestra vocación. Parece que no hay nadie que niegue esta verdad al final de su vida: que la clave de la vida consiste en ayudar a los demás, ayudarlos de modo liberador y no degradante. No somos los «guardianes» de los demás, somos sus hermanos y hermanas. Y es en el servicio y la ayuda a nuestros hermanos y hermanas, ya sea colectiva o individualmente, donde hallamos el significado de la vida.

Jesse Jackson (n 1941), político y líder estadounidense de los derechos humanos

La pregunta más urgente y persistente de la vida es: «¿Qué estás haciendo por los demás?»

Martin Luther King Jr. (1929–1968), activista estadounidense de los derechos civiles

Y sin embargo, aquí estamos. Ninguno de nosotros lo hemos pedido ni hemos tenido demasiado que ver con nuestra llegada. Con nuestras mentes finitas no podemos atrevernos a saber si existe un Propósito. Sentimos, sin embargo, la presencia de algo que es superior a lo que nosotros podemos comprender, una fuerza hasta ahora desconocida y que posiblemente siempre lo sea.
Así que aceptamos nuestra situación, aprendemos de ella y hacemos las cosas del mejor modo que podemos, nos apoyamos en la fe, la desesperación o el cinismo, eso depende de cada uno. Lo que debe predominar por encima de todo es la obligación, ya sea autoimpuesta o externa, de actuar del mejor modo posible con los demás, de aliviar el sufrimiento y de ser compasivos. Estamos juntos en esto, puesto que la vida es un esfuerzo común y no individual.

Harry Blackmun (1908–1999), miembro de la Corte Suprema de Estados Unidos

Debemos ser amables y ayudar a nuestros amigos y compañeros de viaje que se aferran a la misma pizca de mugre mientras vagamos juntos hacia nuestro destino común.

Clarence Darrow (1857–1938), abogado estadounidense

Estamos aquí para aprender a vivir. Aprender a amar es terriblemente agotador y espantosamente desalentador. Algunas personas nunca llegan a ninguna parte. Y nadie logra jamás un doctorado en la materia... La lección más intensiva que jamás he estudiado fue mientras apretaba las manos sudorosas de mi mujer mientras daba a luz a nuestro hijo, Nicholas. Aquella tarde, en aquella sala de partos alicatada aprendí más sobre por qué estamos aquí que todos los años de seminarios y de clases. El mundo se ha creado para enseñarnos a amar.

Harvey Cox (n. 1929), escritor y profesor estadounidense de teología

Creo que la obligación común de la humanidad consiste en ayudar a los demás y que sólo en el fuego purificador del sacrificio se consume la escoria del egoísmo y se libera la grandeza del alma humana.

John D. Rockefeller (1839–1937), filántropo e industrial estadounidense

Cuando hay un agujero en algún lugar del mundo, creo que tarde o temprano se llena de calor. Cuando hay pobreza, tarde o temprano llega una riqueza de espíritu para ayudar. Creo que estamos aquí para ayudarnos; para soñar, para animar, para amparar. Sin eso, dejamos de existir.

Marlee Matlin (n. 1965), actriz estadounidense

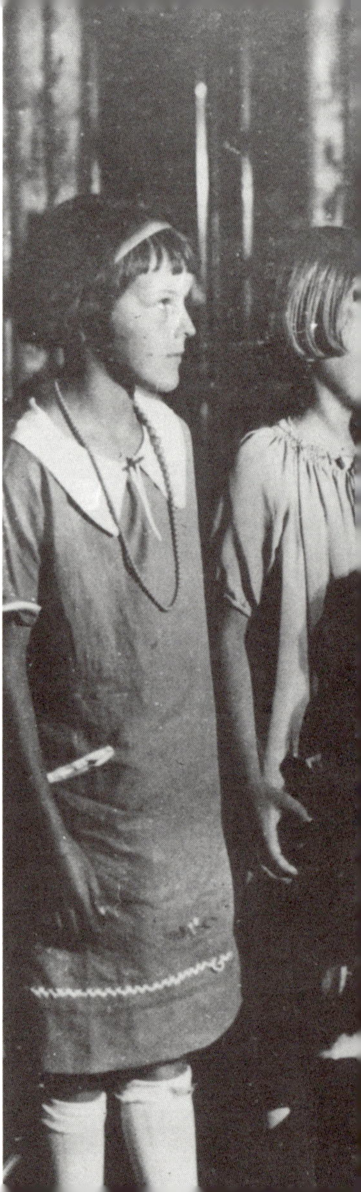

Es probable que estemos todos conectados en un nivel espiritual que vaya más allá de las idas y venidas de distintas formas de vida…

Si poseemos un lugar significativo en este proceso, consiste en intentar llevar y en encajar una relación sana y simbiótica con el resto de criaturas. Todo el mundo, a la larga, intenta lograr la armonía con el resto de seres que le rodean. Y al intentar averiguar qué significa la vida, acabamos llegando a expresiones de compasión y de amor, de ayudar al resto de criaturas, de preocuparnos por los demás sin esperar nada a cambio y sin condición alguna. Esto se refleja en todas las religiones y lo expresan todos los profetas.

George Lucas (n. 1944), director de cine estadounidense

Creo que los medios de comunicación han contribuido a acercarnos mucho más que en ningún otro momento de la historia. Y creo que la reunión y la difusión de información valiosa al resto de seres humanos del mundo es la herramienta más importante que poseemos para darnos cuenta de que, en realidad, nuestro planeta es el paraíso.

Ted Turner (n. 1938), magnate estadounidense de los medios de comunicación

Estamos aquí para estar alerta, para ser conscientes de las cosas horribles que podemos evitar, como el Holocausto, como Hiroshima, como el hambre y la miseria. Hay una nana judía que dice que somos como las orillas de un río y que en nuestro interior fluye lo que hemos sido, lo que somos y lo que transmitiremos a las generaciones venideras.

Ruth Westheimer (n. 1928), personalidad televisiva estadounidense de origen alemán

Capítulo 7

“La vida e
constante”

una lucha

La vida es una larga lucha en la oscuridad.

Lucrecio (h. 96 a. C.–h. 55 a. C.), filósofo de la antigua Roma

Todo idiota puede enfrentarse a una crisis; es la vida diaria lo que te agota.

Anton Chekhov (1860–1904), dramaturgo ruso

La vida es sufrimiento.

Gautama Siddharta (563–483 a. C.), principe hindú y fundador del budismo

La vida es un maldito y horroroso trabajo pesado.

Charles Dickens (1812–1870), escritor inglés

La juventud es una
metedura de pata;
la madurez una lucha;
la vejez un pesar.

Benjamin Disraeli (1804–1881), primer ministro inglés

La vida es un juego de probabilidades terribles, si fuera una apuesta no intervendrías en ella.

Tom Stoppard (n. 1937), dramaturgo inglés

La vida, tal y como es realmente, no es una batalla entre el Bien y el Mal, sino entre el Mal y lo Peor.

Joseph Brodsky (1940–1996), poeta estadounidense de origen ruso

Sales del útero de tu madre, gateas por un campo abierto en llamas y caes en la tumba.

Quentin Crisp (1908–1999), escritor inglés

La vida es una batalla y una estancia en una tierra extraña. Sin embargo, la fama que viene a continuación es el olvido.

Marco Aurelio (188–217), emperador de la antigua Roma

La vida es un apuro que precede a la muerte.

Henry James (1843–1916), escritor inglés de origen estadounidense

No es cierto que la vida sea
una faena tras otra. Es
la misma faena que se repite
una y otra vez.

Edna St Vincent Millay (1892–1950), poetisa estadounidense

La vida es una tragedia de la que somos espectadores durante un tiempo y en la que, más tarde, desempeñamos nuestro papel.

Jonathan Swift (1667–1745), autor inglés

La vida no es ni un espectáculo ni un festín, es un apuro.

George Santayana (1863–1952), filósofo y escritor estadounidense

La vida es una tragedia
si se contempla
en primer plano,
pero es una comedia
si se ve desde un plano
alejado.

Charles Chaplin (1889–1977),
actor inglés

En la vida, a veces te ríes gracias a los cómicos o por situaciones espontáneas que surgen con tus amistades o tus familiares. Pero la mayor parte de la vida es una tragedia. Naces y desconoces el motivo. Estás aquí pero no sabes por qué. Te vas, mueres. La gente padece. La gente vive en un estado de terror constante. El mundo está plagado de pobreza y de corrupción, de guerras y de nazis, de tsunamis... El resultado neto final es que pierdes y no puedes hacer nada por evitarlo.

Woody Allen (n. 1935), actor y director de cine estadounidense

La vida es trabajo y todo lo que hagas no es más que experiencia.

Henry Ford (1863–1947), empresario estadounidense

Uno no concibe el significado de la vida
si le retiran todas las dificultades.

Jane Addams (1860–1935), trabajadora social pionera estadounidense

Nacemos para pelear, para enfrentarnos
a los desafíos de la vida y, en última instancia,
para evolucionar hacia una conciencia superior.

Quincy Jones (n. 1933), músico y productor musical estadounidense

La vida no es sino una continua sucesión
de oportunidades para sobrevivir.

Gabriel García Márquez (n. 1927), escritor colombiano

En la vida hay sufrimientos y derrotas. Nadie puede evitarlo. Sin embargo, es mejor perder alguna batalla mientras se lucha por los sueños de uno que ser derrotado sin saber por lo que se está luchando.

Paulo Coelho (n. 1947), novelista brasileño

Un hombre hace lo que debe hacer, a pesar de las consecuencias personales, a pesar de los obstáculos, los peligros y las presiones. Ésta es la base de la moralidad humana.

John F. Kennedy (1917-1963), presidente de Estados Unidos

La vida es una lección muy extensa
de humildad.

J. M. Barrie (1860–1937), escritor escocés

El objetivo de mi vida siempre ha sido mantenerme tal y como soy a pesar de lo que ocurra. Nunca en contra, sino a favor.

Robert Frost (1874–1963), poeta estadounidense

[La vida] no deja de ser una lucha constante por la mera existencia, con la certeza de que al final, se acabará perdiendo.

Arthur Schopenhauer (1788–1860), filósofo alemán

La vida es atroz, pero afortunadamente es corta.

Salvador Espriu (1913–1985), poeta, dramaturgo y novelista español

La vida debería considerarse un arte y deberíamos crear las circunstancias con las que superar las dificultades.

John Dewey (1859–1952), filósofo estadounidense

Va a ser una lata, pero lo conseguiremos.

Janis Joplin (1943–1970), cantante estadounidense

La vida no es fácil... No puedes vivir sin caer en la frustración y en el cinismo, a menos que poseas una gran idea que te permita escapar del sufrimiento personal, de la debilidad y de todo tipo de desnudez y de perfidia.

Leon Trotsky (1879–1940), líder político ruso

Capítulo 8

“Estamos para contri a la socieda

quí
uir
”

Nos ganamos la vida con lo que obtenemos, pero vivimos con lo que damos.

Winston Churchill (1874–1965), primer ministro inglés

Avergüénzate de morir hasta que no hayas logrado una victoria para la humanidad.

Horace Mann (1796–1859), profesor estadounidense

Sé el cambio que quieres ver en el mundo.

Mahatma Gandhi (1869–1948), líder indio

La vida no consiste en pensar, sino en actuar.

Woodrow Wilson (1856–1924), presidente estadounidense

Si no has hallado algo por lo que morir, no tienes ningún motivo para vivir.

Malcolm X (1925–1965), activista estadounidense por los derechos civiles

Hasta la fecha creo que estamos aquí para vivir, crecer y hacer todo lo posible para que este mundo sea un lugar mejor para que todos disfrutemos de la libertad. Las diferencias de raza, de nacionalidad o de religión no deberían emplearse para negar los derechos o privilegios de ciudadanía de ningún ser humano. Hay que vivir la vida al máximo para que la muerte no sea más que otro capítulo. Los recuerdos de nuestras vidas, nuestras obras y nuestras hazañas perdurarán en los demás.

Rosa Parks (1913–2005), activista estadounidense por los derechos civiles

Sólo puedo decir que he logrado el equilibrio, la fuerza mental y la inspiración al pensar que estoy aportando mi granito de arena a una gran causa y que mi trabajo no cae en saco roto. Es evidente que trabajo para ver los resultados. Quiero alcanzar pronto mi objetivo. Sin embargo, ni siquiera los resultados de las acciones me preocupan en exceso. Las acciones por sí mismas, mientras esté convencido de que son las correctas, ya suponen una gran satisfacción para mí.

Jawaharlal Nehru (1889–1964), primer ministro de la India

He tenido lo que podría denominarse un objetivo en la vida: ser un reformista del mundo.

John Stuart Mill (1806–1873), filósofo inglés

Estamos aquí para aportar lo que podamos a la vida, no para obtener lo que podamos de ella.

William Osler (1849–1919), médico canadiense

Sólo merece la pena una vida que se haya vivido para los demás. No podemos gozar de una vida completa si no tenemos un propósito mayor que nosotros mismos.

Richard Nixon (1913–1994), presidente de Estados Unidos

El significado de la vida radica en la oportunidad que nos brinda de elaborar o de contribuir a algo mayor que nosotros mismos. No tiene por qué ser una familia (a pesar de que éste es el camino más directo que la naturaleza, con su gran sabiduría, ha proporcionado hasta para el alma más simple); puede tratarse de cualquier grupo que pueda manifestar la nobleza latente de la persona, y que pueda proporcionarle un objetivo por el que trabajar y que no desaparecerá con su muerte.

Will Durant (1885–1981), historiador estadounidense

Cada uno de nosotros tiene una responsabilidad por estar vivo: una responsabilidad con la creación, de la que formamos parte, otra con el creador: una deuda que saldamos al intentar ampliar nuestras áreas de comprensión.

Maya Angelou (n. 1928), escritora estadounidense

Me educaron para creer que lo único que merece la pena hacer es aportar información precisa al mundo.

Margaret Mead (1901–1978), antropóloga estadounidense

Mientras existimos como seres humanos somos como turistas de vacaciones. Si alborotamos y causamos estragos, la visita no tiene sentido. Si durante nuestra corta estancia (100 años como máximo) vivimos tranquilamente, ayudamos a los demás y nos abstenemos de herirlos y de preocuparlos, nuestra visita habrá merecido la pena. Lo importante consiste en ver cómo podemos llevar una vida cotidiana significativa, cómo podemos aportar paz y armonía a nuestra mente, cómo podemos contribuir a la sociedad.

El Dalai Lama (n. 1935), líder religioso tibetano

Si no quieres que te olviden en cuanto te mueras y te pudras, escribe algo que valga la pena leer o haz algo sobre lo que merezca la pena escribir.

Benjamin Franklin (1706–1790), escritor y estadista estadounidense

La gran máxima de la vida no es el conocimiento, sino la acción.

Thomas Huxley (1825–1895), biólogo inglés

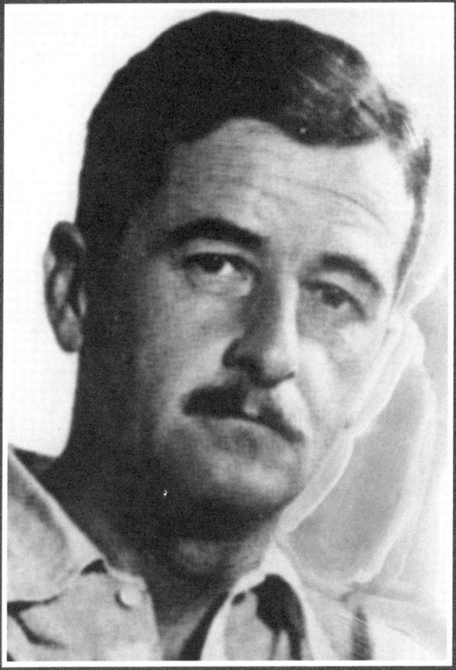

En realidad, el escritor no desea el éxito... Sabe que dispone de poco tiempo, que llegará el día en que deberá atravesar el muro del olvido, y desea dejar una marca en dicho muro (Kilroy estuvo aquí) para que alguien, dentro de cien o de mil años, la vea.

William Faulkner (1897-1962), escritor estadounidense

La auténtica alegría de la vida consiste en participar en un propósito que tú mismo consideres importante... en estar completamente agotado antes de que te echen al basurero... en ser una fuerza de la naturaleza en lugar de ser un coágulo febril y egoísta plagado de achaques y de enfermedades.

George Bernard Shaw (1856–1950), dramaturgo irlandés

A pesar de que sólo una pequeña parte de los que intentan escalar las cimas de los logros humanos llegan a un lugar cercano a la cumbre, es imperativo que existe una multitud de escaladores. De lo contrario, es probable que nadie alcanzara la cumbre. Las multitudes olvidadas y perdidas individualmente no han vivido en vano, siempre que ellos también se hayan esforzado por escalar.

Pierre Teilhard de Chardin (1881–1955), filósofo francés

Estamos aquí como resultado de una serie de acontecimientos aleatorios. Pero lo que llevamos a cabo desde que llegamos aquí puede aportar algo de significado a nuestra existencia. A pesar de que la noción de «aquí» puede definirse sencillamente como el breve tiempo físico en el que existimos como individuos, tenemos la capacidad de hacer que ese «aquí» se extienda más allá de esta existencia física. El hombre forma parte de una «conciencia colectiva». Estamos conectados los unos a los otros por medio de nuestras obras, de nuestras creaciones, de nuestras imágenes, de nuestros pensamientos y de nuestros escritos. Comunicamos a las generaciones futuras lo que somos, lo que hemos sido y esperamos influir positivamente en lo que tiene aún está por llegar. Nuestras vidas cobran significado por medio de nuestras acciones: los éxitos que hemos alcanzado mientras estamos «aquí» que se extienden más allá de nuestro propio tiempo.

Maya Lin (n. 1959), arquitecto estadounidense

Dejar una marca.

Studs Terkel (n. 1912), escritor estadounidense

Vivir no es sólo existir, sino existir y crear, saber gozar y sufrir y no dormir sin soñar.

Gregorio Marañón (1887-1960), médico, científico, historiador, escritor y pensador español

Capítulo 9

“Debemos
un signific
nosotros m

crear
o por
mos"

Lo que importa no es el significado de la vida en general sino el significado específico de la vida de una persona en un momento determinado. La pregunta en términos generales se podría comparar con la pregunta que se le realizó a un campeón de ajedrez: «Dígame, maestro, ¿cuál es la mejor jugada del mundo?».

Viktor Frankl (1905–1997), psiquiatra austríaco

Cree que tu vida merece la pena vivirla y ese pensamieno te ayudará a crear el hecho.

William James (1842–1910), filósofo estadounidense

El hombre es indispensable para la finalización de la creación; de hecho, él es el segundo creador del mundo que ha dotado al mundo de su existencia objetiva. Sin él, que actúa sin ser oído, sin ser visto, que come en silencio, que nace, que muere, que ha asentido durante cientos de millones de años, el mundo seguiría sumido en la oscuridad de la inexistencia y hacia un destino desconocido.

Carl Jung (1875–1961), psiquiatra suizo

Cada uno debe descubrir
el significado de la vida por él
mismo. Aquellos cuyas vidas son
más significativas son los que no
necesitan preguntarse «¿por qué
estoy aquí?». No hay que
menospreciar una bebida fuerte
de vez en cuando,
por supuesto.

Peter Gay (n. 1923), historiador estadounidense

En la vida, no hay nada que posea valor salvo lo que tú decides que lo tenga, y no hay felicidad alguna salvo la que tú mismo aportas.

Henry David Thoreau (1817–1862), escritor estadounidense

La vida sólo posee significado si uno la cambia día tras día por algo distinto a ella misma.

Antoine de Saint-Exupery (1900–1944), novelista francés

La vida de todos los hombres acaba del mismo modo. Lo que distingue a uno del resto son los detalles de cómo vivió y de cómo murió.

Ernest Hemingway (1899–1961), novelista estadounidense

La vida no consiste en tener buenas cartas, sino en jugar bien las que uno tiene.

Josh Billings (1818–1885), actor cómico estadounidense

VIVIR ES ELEGIR. PERO PARA ELEGIR BIEN, DEBES SABER QUIÉN ERES Y QUÉ REPRESENTAS, A DÓNDE QUIERES IR Y POR QUÉ QUIERES LLEGAR AHÍ.

Kofi Annan (n. 1938), secretario general ghanés de la Organización de las Naciones Unidas

El propósito de la vida es una vida de propósitos.

Robert Byrne (n. 1928), campeón de ajedrez estadounidense

Puesto que la búsqueda de seguridad por parte del hombre es interminable, todo el mundo puede hallar el significado de la vida incluso si rechaza la cuestión del significado de la vida por carecer de sentido.

Sidney Hook (1902–1989), filósofo estadounidense

La vida no tiene otro significado que el que el hombre le da al desplegar sus energías y al vivir de manera productiva.

Erich Fromm (1900–1980), psiquiatra alemán

Decir que [la existencia] es ambigua
es afirmar que el significado nunca es fijo,
que debe lograrse constantemente.

Simone de Beauvoir (1908–1986), escritora y feminista francesa

Hay quienes opinan que la vida carece de valor porque tiene un final. No logran ver que también puede proponerse el razonamiento opuesto: que si la vida carece de final, también carece de valor, es decir, en cierto modo, el peligro constante de perderla es lo que nos permite dotarla de valor.

Karl Popper (1902–1994), filósofo austríaco

En lugar de ver la vida como un embudo estrecho, podemos verla como algo que no deja de ensancharse para que elijamos lo que deseamos hacer, para tomar lo que hemos aprendido y crear algo.

Liz Carpenter (n. 1920), defensora política estadounidense

Toda vida es un experimento. Cuantos más experimentos hagas, mejor.

Ralph Waldo Emerson (1803–1882), filósofo estadounidense

La cruda verdad parece ser la siguiente: creemos en un universo vasto y asombroso en el que, diariamente, se crean soles y se destruyen mundos, en el que la humanidad se aferra a un trozo de roca. La importancia de nuestras vidas y nuestro frágil reino derivan de nuestra propia sabiduría y coraje. Somos los guardianes del significado de la vida. Desearíamos que fuera de otra forma, por supuesto, pero no hay una prueba convincente de la existencia de un Padre cósmico que se preocupe por nosotros y que nos salve de nosotros mismos. Depende de nosotros.

Carl Sagan (1934–1996), astrónomo estadounidense

No hay un gran significado cósmico para todo, sólo existe el significado que cada uno de nosotros damos a nuestra propia vida, un significado individual y un argumento individual, como una novela individual, un libro para cada persona.

Anais Nin (1903–1977), escritora estadounidense de origen francés

El modo de recuperar el significado y el valor de la vida consiste en recuperar el poder de la experiencia, en poseer voces internas impulsivas, ser capaz de oírlas desde el interior y plantearse el objetivo: puede hacerse.

Abraham Maslow (1908–1970), filósofo estadounidense

Nuestra obligación consiste en dotar de significado a la vida y, al hacerlo, superar la vida pasiva e indiferente.

Elie Wiesel (n. 1928), escritor estadounidense de origen rumano

Ama la vida por encima de cualquier otra cosa de este mundo... Ámala, independientemente de lo que tú denominas lógica, debes amarla de manera ilógica; sólo así entenderás su significado.

Fyodor Dostoevsky (1821–1881), novelista ruso

El hombre no puede desear nada hasta que no comprenda que sólo puede contar consigo mismo; que está solo, abandonado sobre la tierra, en medio de sus responsabilidades infinitas, sin ayuda, sin ningún otro propósito que el que él mismo se ha fijado, sin ningún otro destino que el que él mismo se forja en este mundo.

Jean-Paul Sartre (1905–1980), escritor y filósofo francés

Podemos adquirir consuelo si creemos en una orientación divina, pero en los asuntos de mayor importancia seremos más precavidos para depender de todo el conocimiento y toda la sabiduría material de los que la humanidad puede armarse.

Edward Wilson (n. 1929), biólogo estadounidense

*La vida es lo que hacemos de ella.
Siempre ha sido así, y siempre lo será.*

Grandma Moses (1860–1961), artista estadounidense

Capítulo 10

“La vida e

absurda”

La vida es algo que hacer cuando uno no consigue dormirse.

Fran Lebowitz (n. 1951), periodista estadounidense

Lo absurdo es el concepto esencial y la verdad primaria.

Albert Camus (1913–1960), escritor francés

La vida es una pantomima.

Bob Dylan (n. 1941), cantautor estadounidense

La vida es un chiste que acaba de empezar.

William Gilbert (1836–1911), libretista y dramaturgo inglés

¿Qué es nuestra vida? Una obra de pasión, nuestras risas, la música de la división; el útero de nuestra madre es el cansado aposento donde nos vestimos para esta breve comedia.

Sir Walter Raleigh (1552–1618), explorador inglés

¿Acaso no es el momento de mayor duda el que da a luz nuevas certezas? Quizás la desesperanza es el alimento que nutre la esperanza humana; quizás uno jamás halla el sentido de la vida sin haber experimentado antes su absurdidad.

Vaclav Havel (n. 1936), político y dramaturgo checo

¿No parece como si la existencia fuera un error cuyas consecuencias crecen gradualmente de forma más y más patente?

Arthur Schopenhauer (1788–1860), filósofo alemán

No existe
ni la más mínima
prueba a favor
de la idea de
que la vida sea
algo serio.

Brendan Gill (1914-1997),
crítico estadounidense

En el momento en
que nos acordamos
de que todos
estamos locos,
los misterios se
desvanecen y la vida
goza de explicación.

Mark Twain (1835–1910),
autor estadounidense

La vida es algo demasiado importante como para hablar jamás seriamente al respecto.

Oscar Wilde (1854–1900), escritor irlandés

Deja de preocuparte. ¡Nadie sale de este mundo con vida!

Clive James (n. 1939), escritor y crítico australiano

Agradecimientos

Citas
De entre los numerosos libros y artículos que se han empleado para la elaboración de esta obra, los editores desean mostrar su agradecimiento a las siguientes publicaciones:

Autobiography of Bertrand Russell, The (B. Russell, 1967); *Beautiful Boy* (J. Lennon, 1980); *Being and Nothingness* (J. P. Sartre, 1956); *Brief History of Time: A Reader's Companion* (S. Hawking, 1992); *Brothers Karamosov, The* (F. Dostoyevsky); *Diary of Soren Kierkegaard, The* (S. Kierkegaard, 1843); *Doctor and the Soul, The* (V. Frankl, 1965), *Ethics of Ambiguity,The* (B. Frechtman, 1948); *Existential Psychotherapy* (I. Yalom, 1980); *Familiar Quotations* (J. Bartlett, 1968); *Freedom for Ministry* (R. J. Neuhaus, 1956); *Gales Quotations; Guardian, The* (28 de diciembre de 1977); *Healthy Personality, The: Readings* (H. Chiang y A. H. Maslow, 1969); *I and Thou* (M. Buber, 1958); *If You Meet the Buda on the Road, Kill Him!* (S. B. Koop); *Is Life Worth Living?* (C. Darrow); *John Stuart Mill: A Selection of His Works* (J. M. Robson, 1966); *Journey, The* (L. Smith, 1954); *Kitchen Table Wisdom* (N. R. Remen, 1996); *Last Word, The: A Treasury of Women's Quotes* (C. Warner, 1992); *Life and Work of Sigmund Freud, The* (E. Jones, 1953 – 1957); *Little Minister, The* (J. M. Barrie); *Macbeth* (W. Shakespeare); *Malcolm X* (A. Haley); *Man for Himself* (E. Fromm, 1947); *Meaning in Life: the Creation of Value* (I. Singer, 1992); *Meaning of Life, The* (Friend *et al.*, *Life magazine*, 1991); *Meaning of Life, The* (S. Sanders y D. R. Cheney); *Memories, Dreams, Reflections* (C. Jung, 1961); *Mikado, The* (W. Gilbert); *New York Times* (21 de enero de 1965); *Notebooks* (S. Butler, 1912); *Notebooks 1914- 1916* (L Wittgenstein, 1979); *On the Meaning of Life* (W. Durant, 1932); *Oxford Dictionary of Quotations, The* (1996); *Pale Fire* (V. Nabokov, 1962); *Pragmatism and the Tragic Sense of Life* (S. Hook, 1974); *Profiles in Courage* (J. F. Kennedy, 1948); *Quotable Woman, The: 1800 – 1975* (E. Partnow, 1977); *Sacred Hoops* (P. Jackson); *Search for the Truth* (M. Herrick, 1968); *Seinlanguage* (J. Seinfeld); *Simple Wisdom* (G. Jones, 1997); *Simpson's Contemporary Quotations* (J. B. Simpson, 1988); *Story of My Life, The* (C. Darrow); *Tempest, The* (W. Shakespeare); *The Routledge Dictionary of Quotations* (R. Andrews, 1987); *Tractatus logico-philosophicus* (L. Wittgenstein, 1961); *Webster's New World Dictionary of Quotable Difinitions; What Mad Pursuit* (F. Crick, 1988); *What's Good* (L. Reed, 1992); *Will to Meaning, The* (V. Frankl, 1969); *Wisdom of the Herat, The* (H. Miller, 1947).

Créditos de las fotografías
Las fotografías son gentileza de Getty Images salvo:
Pág. 23 ™ 2004 James Dean de CMG Worldwide, Inc. www.jamesdean.com
Pág.150 cedida por gentileza de The Albert Einstein Archives, Hebrew University, Jerusalén

Creo que el auténtico propósito de nuestras vidas consiste en hallar la felicidad. Eso está claro. Independientemente de que uno crea en la religión o no, independientemente de que crea en esta religión o en aquella otra, todos buscamos algo mejor en nuestras vidas. Por eso, creo que todas nuestras acciones se basan en la búsqueda de la felicidad.

El Dalai Lama (n. 1935), líder religioso tibetano